школа - eskola	2
путешествие - bidaia	5
транспорт - garraioa	8
город - hiria	10
ландшафт - paisaia	14
ресторан - jatetxea	17
супермаркет - supermerkatua	20
напитки - edariak	22
еда - janaria	23
ферма - baserria	27
дом - etxea	31
гостиная - egongela	33
кухня - sukaldea	35
ванная комната - bainugela	38
детская комната - haurren gela	42
одежда - arropa	44
офис - bulegoa	49
экономика - ekonomia	51
профессии - lanbideak	53
инструменты - tresnak	56
музыкальные инструменты - musika tresnak	57
зоопарк - zoologikoa	59
спорт - kirolak	62
действия - jarduerak	63
семья - familia	67
тело - gorputza	68
больница - ospitalea	72
неотложный случай - larrialdia	76
земля - lurra	77
часы - erlojua	79
неделя - astea	80
год - urtea	81
формы - formak	83
цвета - koloreak	84
противоположности - aurkakoak	85
цифры - zenbakiak	88
языки - hizkuntzak	90
кто / что / как - nor / zer / nola	91
где - non	92

Impressum
Verlag: BABADADA GmbH, Nedderfeld 112 , 22529 Hamburg
Geschäftsführer / Verlagsleitung: Harald Hof
Druck: Books on Demand GmbH, In de Tarpen 42, 22848 Norderstedt

Imprint
Publisher: BABADADA GmbH, Nedderfeld 112 , 22529 Hamburg, Germany
Managing Director / Publishing direction: Harald Hof
Print: Books on Demand GmbH, In de Tarpen 42, 22848 Norderstedt, Germany

школа
eskola

- классная комната / ikasgela
- делить / zatitu
- доска / arbela
- школьный двор / jolastokia
- учитель / irakaslea
- бумага / papera
- ручка / boligrafoa
- писать / idatzi
- письменный стол / mahaia
- линейка / erregela
- книга / liburua
- ученик / ikaslea

ранец
palasa

пенал
estutxea

карандаш
arkatza

точилка
zorrozkailua

ластик
borragoma

альбом для рисования
marrazketa-koadernoa

рисунок
marrazkia

кисточка
pintzela

коробка красок
margoen kaxa

ножницы
guraizeak

клей
kola

тетрадь
ariketa liburua

домашняя работа
etxeko lanak

цифра
zenbakia

прибавлять
gehitu

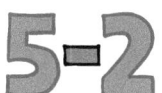

вычитать
kendu

умножать
biderkatu

считать
kalkulatu

буква
gutuna

алфавит
alfabetoa

слово
hitza

школа - eskola

текст testua	читать irakurri	мел klariona
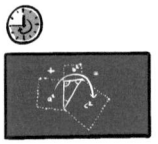		
урок ikasgaia	классный журнал kalkulagailua	экзамен azterketa

диплом ziurtagiria	школьная форма uniformea	образование hezkuntza

энциклопедия entziklopedia	университет unibertsitatea	микроскоп mikroskopioa
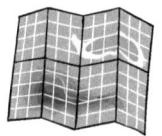		
карта mapa	корзина для бумаг zakarrontzia	

путешествие
bidaia

гостиница
hotela

турбаза
aterpetxea

пункт обмена валюты
truke-bulegoa

чемодан
maleta

автомобиль
autoa

язык

hizkuntza

да / нет

bai / ez

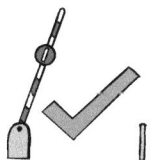

хорошо

ados

Привет

kaixo

переводчик

itzultzailea

Спасибо

Eskerrik asko

Сколько стоит…?
zenbat da …?

Я не понимаю
Ez dut ulertzen

проблема
arazoa

Добрый вечер!
Gabon!

Доброе утро!
egun on!

Доброй ночи!
gabon!

До свидания
agur

направление
norabidea

багаж
ekipajea

сумка
poltsa

рюкзак
motxila

гость
gonbidatua

комната
gela

спальный мешок
lo-zakua

палатка
kanpin-denda

путешествие - bidaia

туристическая информация
informazio turistikoa

пляж
hondartza

кредитная карточка
kreditu txartela

завтрак
gosaria

обед
bazkaria

ужин
afaria

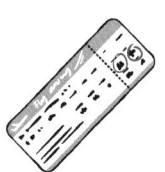
билет
tiketa

лифт
igogailua

почтовая марка
zigilua

граница
muga

таможня
aduana

посольство
enbaxada

виза
bisa

паспорт
pasaportea

путешествие - bidaia

транспорт
garraioa

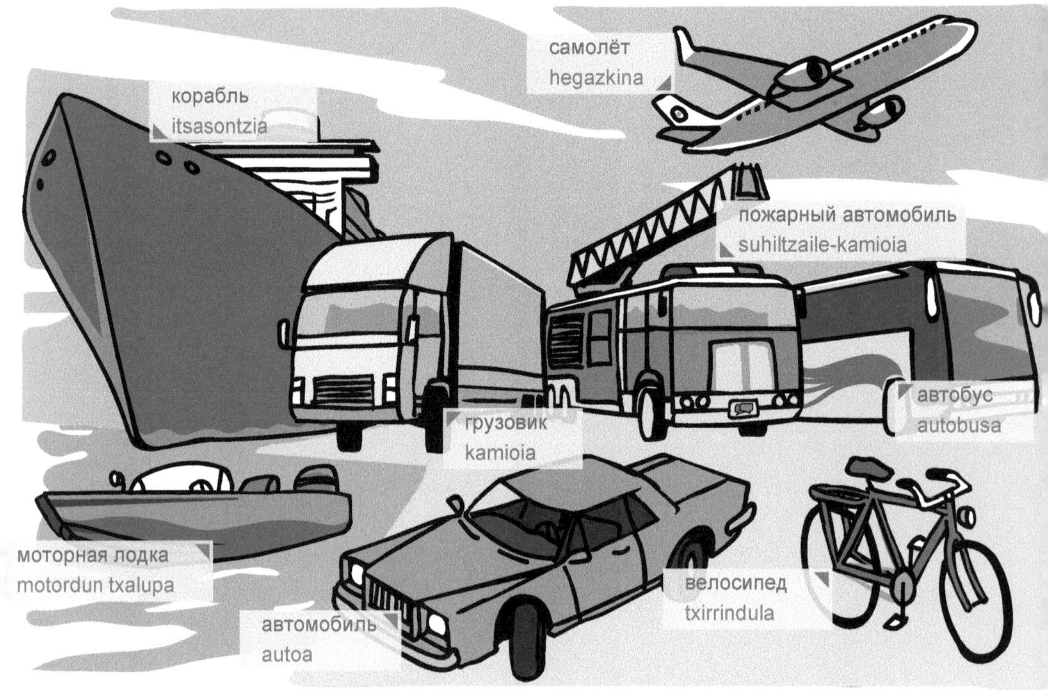

самолёт — hegazkina
корабль — itsasontzia
пожарный автомобиль — suhiltzaile-kamioia
автобус — autobusa
грузовик — kamioia
моторная лодка — motordun txalupa
велосипед — txirrindula
автомобиль — autoa

паром
ferria

лодка
txalupa

мотоцикл
motoa

полицейский автомобиль
polizia-autoa

гоночный автомобиль
automobila

арендованный автомобиль
auto alokairua

совместное пользование автомобилями
auto-partekatzea

буксировочный автомобиль
garabia

мусоровоз
zabor bilketa

двигатель
motorra

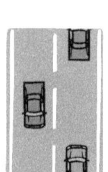
топливо
erregaia

заправка
gasolindegia

дорожный знак
trafiko seinalea

движение
trafikoa

пробка
auto-ilara

автостоянка
aparkalekua

вокзал
tren geltokia

рельсы
ibilbidea

поезд
trena

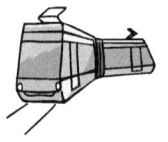
трамвай
tranbia

вагон
bagoia

транспорт - garraioa

вертолёт

helikopteroa

аэропорт

aireportua

вышка

dorrea

пассажир

bidaiaria

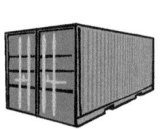

контейнер

edukiontzia

коробка

kartoia

тележка

orgatila

корзина

saskia

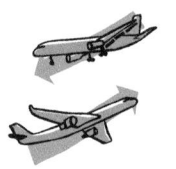

взлетать / приземляться

aireratu / lurreratu

город
hiria

деревня

herria

центр города

hiriaren erdigunean

дом

etxea

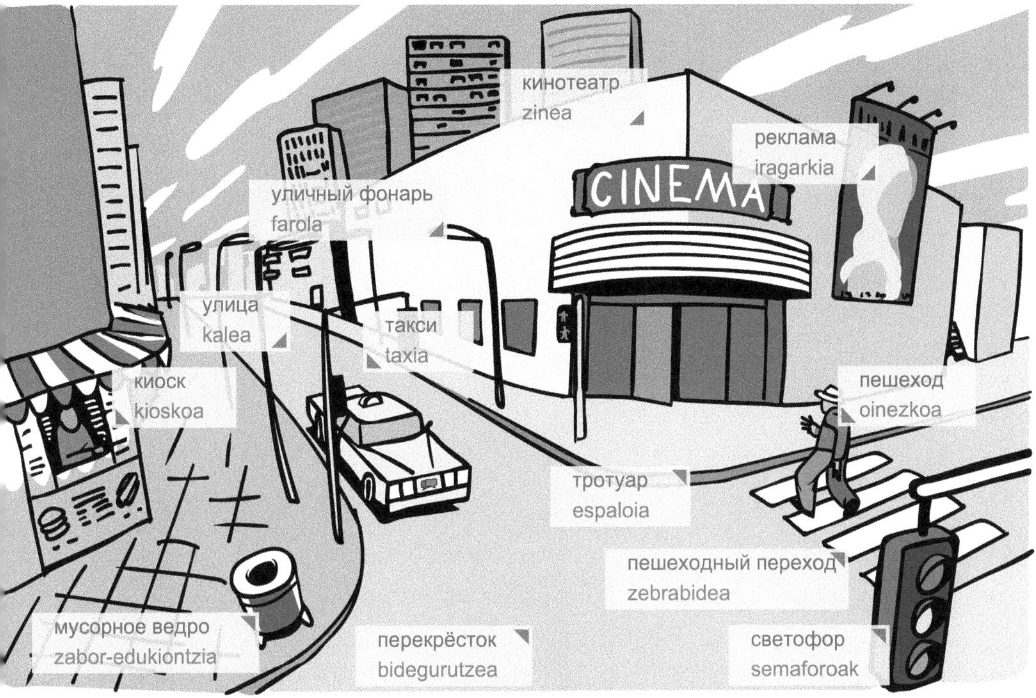

кинотеатр — zinea
реклама — iragarkia
уличный фонарь — farola
улица — kalea
такси — taxia
киоск — kioskoa
пешеход — oinezkoa
тротуар — espaloia
пешеходный переход — zebrabidea
мусорное ведро — zabor-edukiontzia
перекрёсток — bidegurutzea
светофор — semaforoak

хижина
etxola

квартира
apartamentua

вокзал
tren geltokia

ратуша
udaletxea

музей
museoa

школа
eskola

город - hiria

университет

unibertsitatea

банк

bankua

больница

ospitalea

гостиница

hotela

аптека

farmazia

офис

bulegoa

книжный магазин

liburu-denda

магазин

denda

цветочный магазин

lore-denda

супермаркет

supermerkatua

рынок

merkatua

универмаг

saltoki handiak

торговец рыбой

arrandegia

торговый центр

merkataritza-gunea

порт

portua

парк
parkea

скамейка
bankua

мост
zubia

лестница
eskailerak

метро
metroa

тоннель
tunela

автобусная остановка
autobus geltokia

бар
taberna

ресторан
jatetxea

почтовый ящик
postontzia

табличка с названием улицы
seinalea

паркометр
parkimetroa

зоопарк
zoologikoa

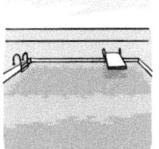

бассейн
igerilekua

мечеть
mezkita

город - hiria

ферма
baserria

загрязнение окружающей среды
kutsadura

кладбище
hilerria

церковь
eliza

детская площадка
jolastokia

храм
tenplua

ландшафт
paisaia

лист — hostoa
дорожный указатель — norabide zeinua
дорога — bidea
луг — belardia
камень — harria
дерево — zuhaitza
путешественник — mendizalea
река — ibaia
трава — belarra
цветок — lorea

долина
bailara

гора
muinoa

озеро
aintzira

лес
basoa

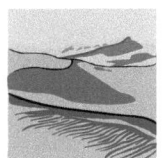
пустыня
basamortua

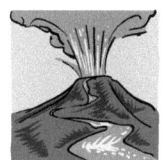
вулкан
sumendia

замок
gaztelua

радуга
ortzadarra

гриб
onddoa

пальма
palmondoa

комар
eltxoa

муха
eulia

муравей
inurria

пчела
erlea

паук
armiarma

ландшафт - paisaia

жук
kakalardoa

лягушка
igela

белка
urtxintxa

еж
trikua

заяц
erbia

сова
hontza

птица
txori

лебедь
beltxarga

кабан
basurdea

олень
oreina

лось
altze amerikarra

плотина
presa

ветряной генератор
turbina eolikoa

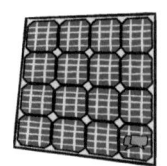
солнечная батарея
eguzki-panela

климат
klima

ландшафт - paisaia

ресторан
jatetxea

официант
zerbitzaria

меню
menua

стул
aulkia

суп
zopa

пицца
pizza

скатерть
mahai-oihala

столовые приборы
mahai-tresnak

закуска

hamaiketakoa

главное блюдо

plater nagusia

десерт

postrea

напитки

edariak

еда

janaria

бутылка

botila

фастфуд
janari lasterra

уличная еда
kalean jateko janaria

чайник
teontzia

сахарница
azukre-ontzia

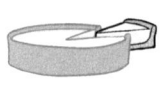
порция
zatia

кофеварка
espresso makina

детский стульчик
aulki altua

счет
faktura

поднос
erretilua

нож
labana

вилка
sardexka

ложка
koilara

чайная ложка
koilaratxoa

салфетка
ahozapia

стакан
beira

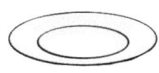

тарелка

platera

суповая тарелка

plater sakona

блюдце

platertxoa

соус

saltsa

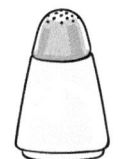

солонка

gatzontzia

мельница для перца

piperbeltz errota

уксус

ozpina

масло

olioa

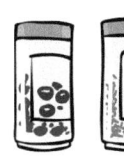

специи

espeziak

кетчуп

ketchupa

горчица

mostaza

майонез

maionesa

супермаркет

supermerkatua

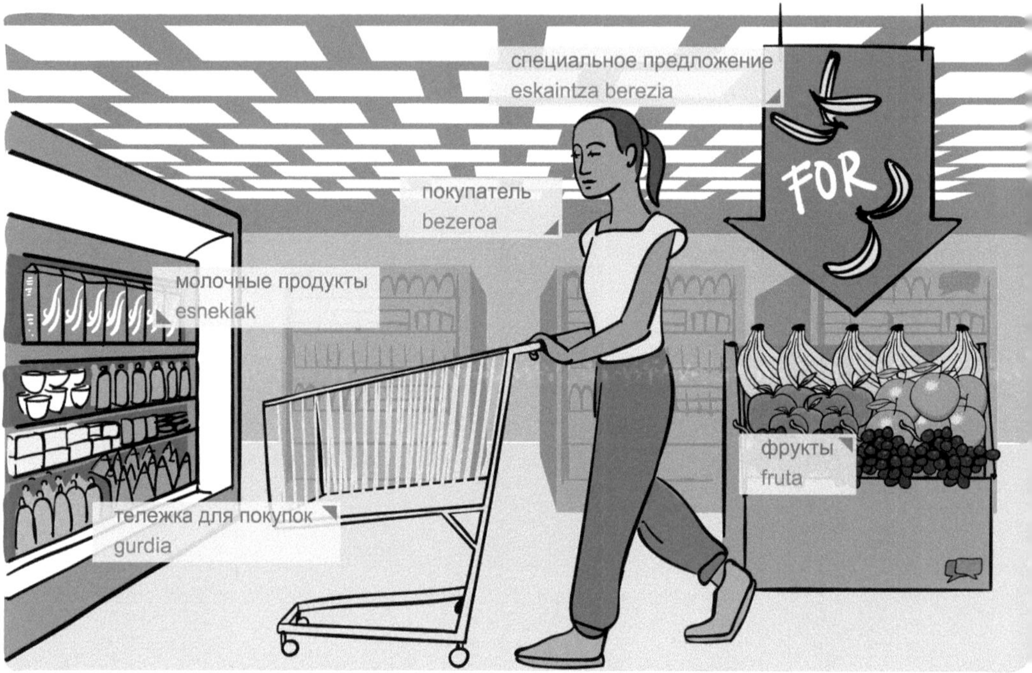

специальное предложение
eskaintza berezia
FOR
покупатель
bezeroa
молочные продукты
esnekiak
фрукты
fruta
тележка для покупок
gurdia

BUTCHERS

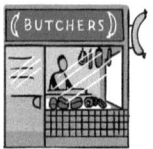

мясной магазин

harategia

BAKERY

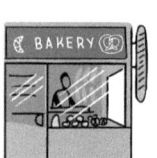

пекарня

okindegia

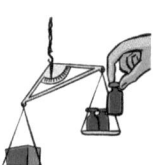

взвешивать

pisatu

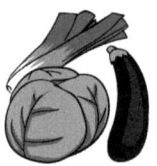

овощи

barazkiak

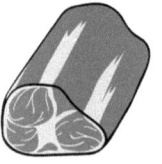

мясо

haragia

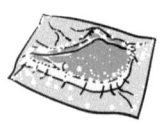

быстрозамороженные продукты

janari izoztuak

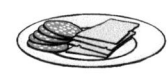

нарезка
hestebeteak

консервы
kontserba

стиральный порошок
garbigarri-hautsa

сладости
gozokia

предмет домашнего обихода
etxeko produktuak

моющее средство
garbiketa produktuak

продавщица
saltzailea

касса
kutxa erregistratzailea

кассир
kutxazaina

список покупок
erosketa zerrenda

время работы
ordutegia

бумажник
diru-zorroa

кредитная карточка
kreditu txartela

сумка
poltsa

полиэтиленовый пакет
plastikozko poltsa

супермаркет - supermerkatua

напитки
edariak

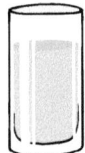		
вода	сок	молоко
ura	zukua	esnea

кока-кола	вино	пиво
kokakola	ardoa	garagardoa

алкоголь	какао	чай
alkohola	txokolate beroa	tea

кофе	эспрессо	капучино
kafea	espresso kafea	caputxinoa

еда
janaria

банан

banana

яблоко

sagarra

апельсин

laranja

арбуз

meloia

лимон

limoia

морковь

azenarioa

чеснок

baratxuria

бамбук

banbua

лук

tipula

гриб

perretxikua

орехи

intxaurrak

лапша

fideoak

спагетти
espagetiak

рис
arroza

салат
entsalada

картофель фри
patata frijituak

жареный картофель
patata frijituak

пицца
pizza

гамбургер
hanburgesa

сэндвич
sandwicha

шницель
xerra

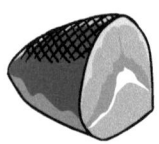

ветчина
urdaiazpikoa

салями
salami

колбаса
saltxitxa

курица
oilaskoa

жаркое
haragi errea

рыба
arraina

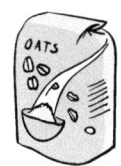

овсяные хлопья
olo-malutak

мюсли
mueslia

кукурузные хлопья
arto-malutak

мука
irina

круассан
croissanta

булочка
ogi-opila

хлеб
ogia

тост
ogi xigortua

печенье
gailetak

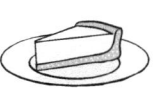

масло
gurina

творог
mamia

пирог
pastela

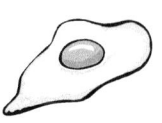
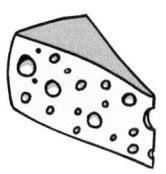

яйцо
arrautza

яичница
arrautza frijitua

сыр
gazta

мороженое

izozkia

сахар

azukrea

мёд

eztia

мармелад

mermelada

крем с нугой

txokolatezko krema

карри

currya

ферма
baserria

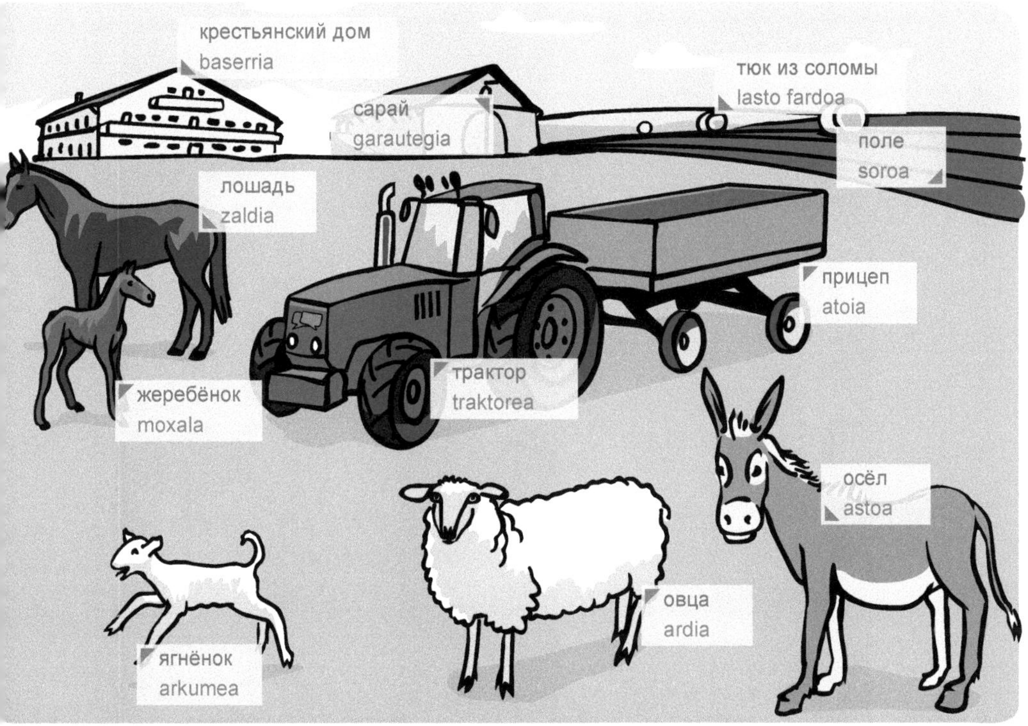

крестьянский дом — baserria
сарай — garautegia
тюк из соломы — lasto fardoa
поле — soroa
лошадь — zaldia
прицеп — atoia
жеребёнок — moxala
трактор — traktorea
осёл — astoa
ягнёнок — arkumea
овца — ardia

коза
ahuntza

корова
behia

телёнок
txahala

свинья
txerria

поросёнок
txerrikumea

бык
zezena

гусь
antzara

утка
ahatea

цыплёнок
txita

курица
oiloa

петух
oilarra

крыса
arratoia

кошка
katua

мышь
sagua

вол
idia

собака
txakurra

конура
txakurraren etxola

садовый шланг
mahuka

лейка
garaztailua

коса
sega

плуг
goldea

ферма - baserria

серп

igitaia

мотыга

aitzurra

навозные вилы

sardea

топор

aizkora

тачка

eskorga

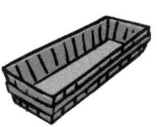

корыто

aska

бидон для молока

esneontzia

мешок

zakua

забор

hesia

хлев

ikuilua

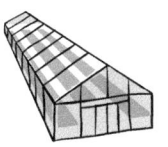

теплица

berotegia

почва

lurzorua

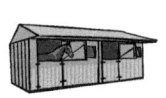

посев

hazia

удобрение

ongarria

комбайн

uztamakinak

ферма - baserria

собирать урожай
uztatu

урожай
uzta

ямс
ñamea

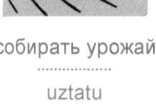
пшеница
garia

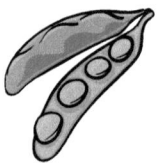
соя
soja

картофель
patata

кукуруза
artoa

рапс
koltza

фруктовое дерево
fruta zuhaitz

маниок
manioka

злаки
zerealak

ферма - baserria

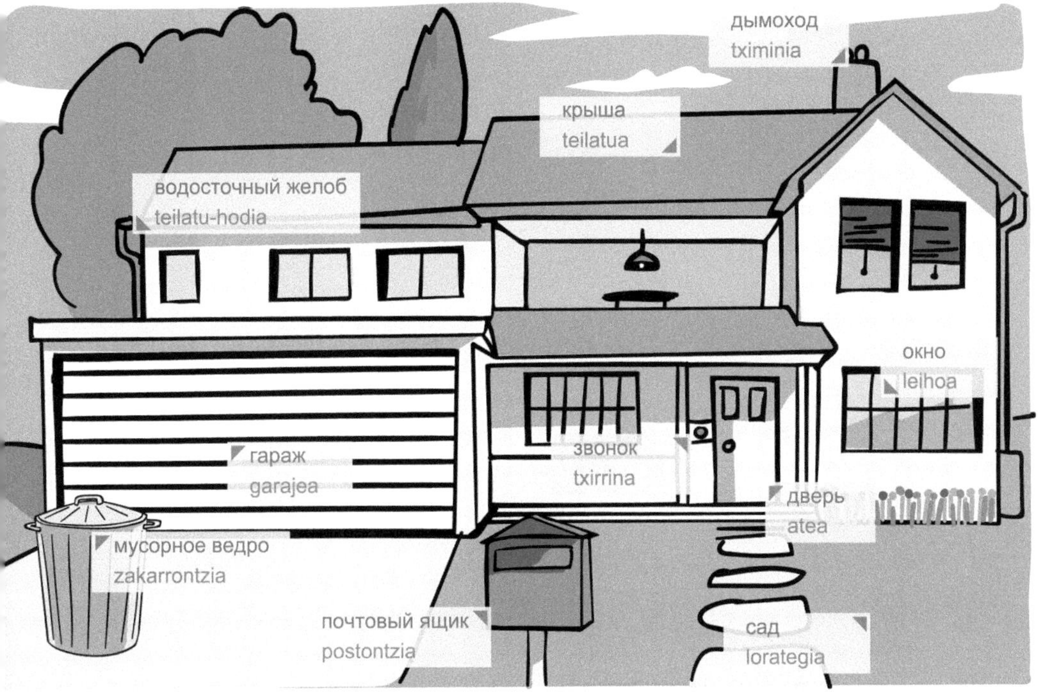

дом
etxea

дымоход
tximinia

крыша
teilatua

водосточный жёлоб
teilatu-hodia

окно
leihoa

гараж
garajea

звонок
txirrina

дверь
atea

мусорное ведро
zakarrontzia

почтовый ящик
postontzia

сад
lorategia

гостиная

egongela

ванная комната

bainugela

кухня

sukaldea

спальня

logelak

детская комната

haurren gela

столовая

jangela

дом - etxea   31

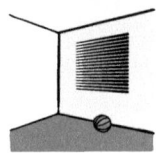

пол

solairua

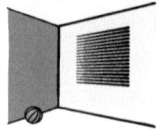

стена

horma

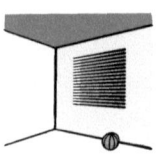

потолок

sabaia

подвал

sotoa

сауна

sauna

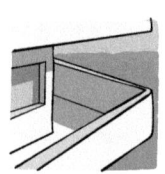

балкон

balkoia

терраса

terraza

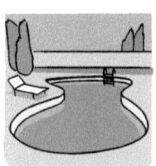

бассейн

igerilekua

газонокосилка

belarra mozteko makina

пододеяльник

izara

покрывало

ohe-estalkia

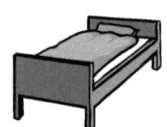

кровать

ohea

метла

erratza

ведро

ontzia

выключатель

etengailua

дом - etxea

гостиная
egongela

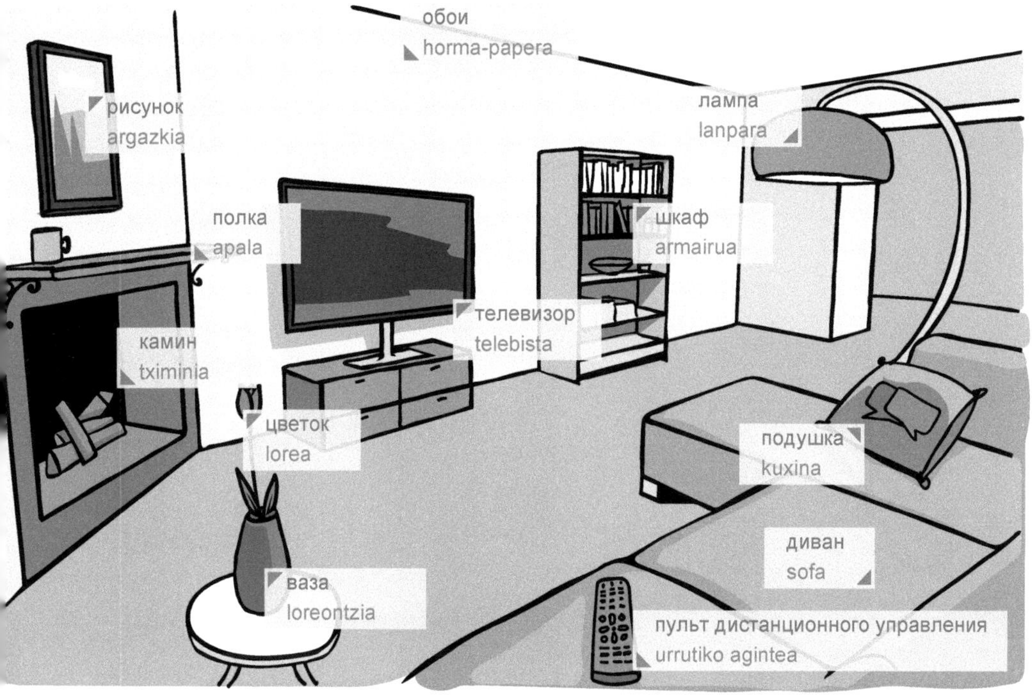

обои / horma-papera
рисунок / argazkia
лампа / lanpara
полка / apala
шкаф / armairua
камин / tximinia
телевизор / telebista
цветок / lorea
подушка / kuxina
ваза / loreontzia
диван / sofa
пульт дистанционного управления / urrutiko agintea

ковёр
alfonbra

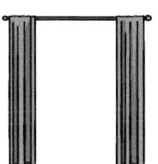

штора
gortina

стол
mahaia

стул
aulkia

кресло-качалка
kulunkaulkia

кресло
besaulkia

гостиная - egongela

книга
liburua

покрывало
manta

украшение
apainketa

дрова
egurra

фильм
filma

стереосистема
musika-katea

ключ
giltza

газета
egunkaria

картина
marrazkia

плакат
posterra

радио
irratia

блокнот
koadernoa

пылесос
xurgagailua

кактус
kaktusa

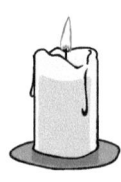

свеча
kandela

кухня
sukaldea

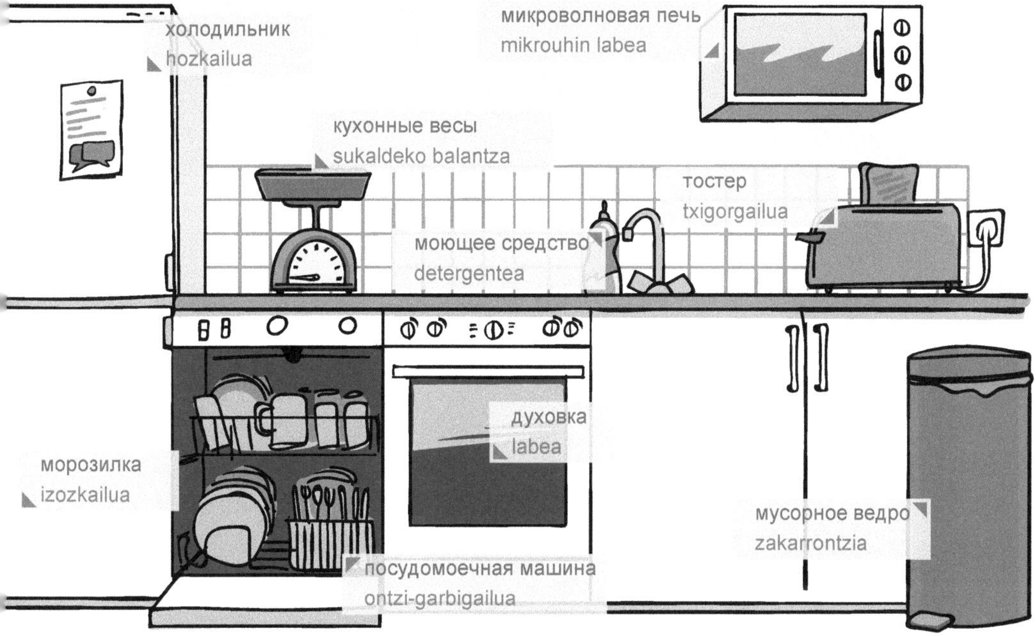

холодильник
hozkailua

микроволновая печь
mikrouhin labea

кухонные весы
sukaldeko balantza

тостер
txigorgailua

моющее средство
detergentea

духовка
labea

морозилка
izozkailua

мусорное ведро
zakarrontzia

посудомоечная машина
ontzi-garbigailua

плита
presio-eltzea

кастрюля
lapikoa

чугунный котелок
burdinezko eltzea

вок / кадай
woka

сковорода
zartagina

чайник
irokinontzia

пароварка
bapore-eltzea

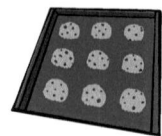

противень
gozogintza erretilua

посуда
baxera

кружка
katilua

миска
katilua

палочки для еды
zotz txinatarrak

половник
burruntzalia

лопатка
apar-burruntzalia

сбивалка
irabiagailua

сито
iragazkia

сито
bahea

тёрка
birringailua

ступка
almaizea

гриль
barbakoa

костёр
sua

кухня - sukaldea

доска

xehatze-ohola

скалка

arrabola

штопор

kortxo-kentzekoa

жестяная банка

lata

консервный нож

poto-irekitzekoa

прихватка

eskutrapua

раковина

konketa

щетка

eskuila

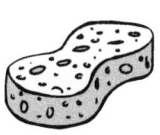

губка

belakia

миксер

irabiagailua

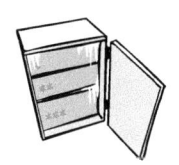

морозильная камера

izozkailua

бутылочка для кормления

biberoia

кран

kanila

кухня - sukaldea

ванная комната
bainugela

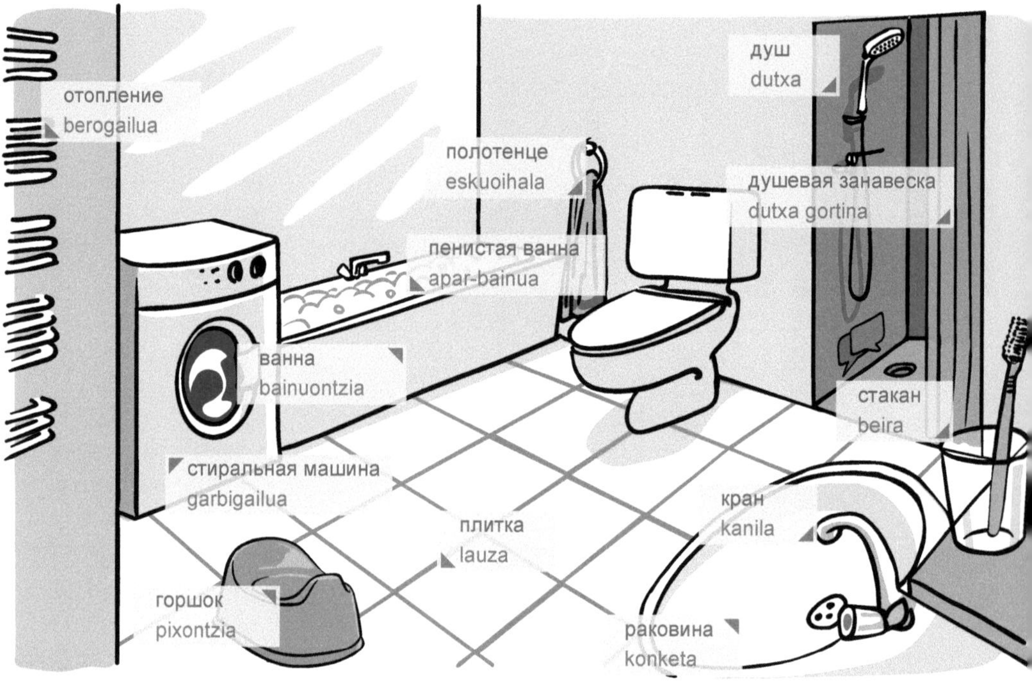

- отопление / berogailua
- душ / dutxa
- полотенце / eskuoihala
- душевая занавеска / dutxa gortina
- пенистая ванна / apar-bainua
- ванна / bainuontzia
- стакан / beira
- стиральная машина / garbigailua
- плитка / lauza
- кран / kanila
- горшок / pixontzia
- раковина / konketa

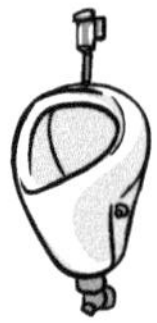

туалет	напольный унитаз	биде
komuna	komun turkiarra	bideta
писсуар	туалетная бумага	ершик
pixalekua	komuneko papera	komuneko eskuila

ванная комната - bainugela

зубная щетка

hortzetako eskuila

зубная паста

hortzetako pasta

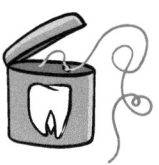

зубная нить

hortzetako haria

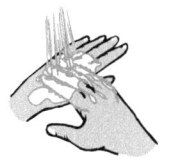

мыть

garbitu

ручной душ

eskuko dutxa

интимный душ

dutxa

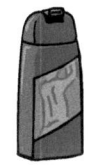

таз

aska

щетка для спины

bizkar-eskuila

мыло

xaboia

гель для душа

dutxako xaboia

шампунь

xanpua

мочалка

franela

сток

hustubidea

крем

krema

дезодорант

desodorantea

ванная комната - bainugela

зеркало
ispilua

ручное зеркало
eskuko ispilu

бритва
bizar-aitzurra

пена для бритья
bizarra mozteko aparra

лосьон после бритья
bizar-lozioa

расческа
orrazia

щетка
eskuila

фен
ile-lehorgailua

лак для волос
laka

косметика
makilajea

губная помада
ezpainetakoa

лак для ногтей
azkazal-berniza

вата
kotoia

маникюрные ножницы
azkazal-moztekoa

духи
lurrina

ванная комната - bainugela

косметичка
arropa saskia

табуретка
aulkia

весы
baskula

халат
bainu-bata

резиновые перчатки
gomazko eskularruak

тампон
tanpoia

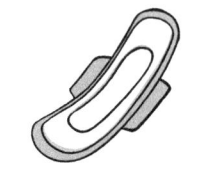
гигиеническая прокладка
konpresa

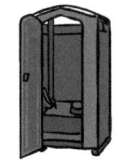
биотуалет
komun kimikoa

детская комната
haurren gela

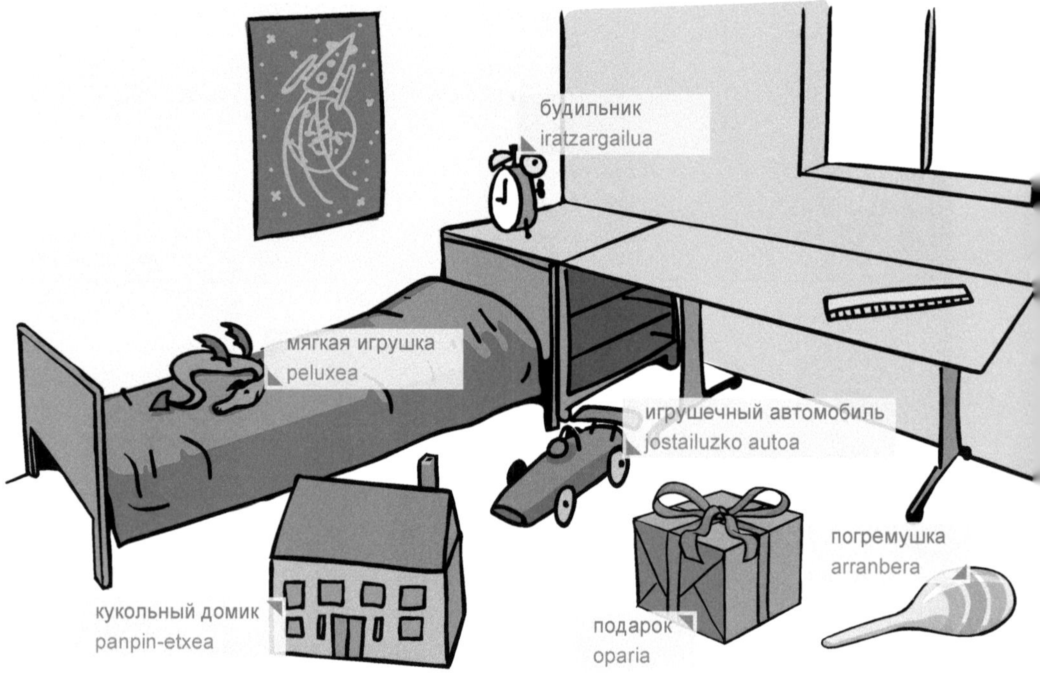

будильник
iratzargailua

мягкая игрушка
peluxea

игрушечный автомобиль
jostailuzko autoa

кукольный домик
panpin-etxea

подарок
oparia

погремушка
arranbera

воздушный шар

puxika

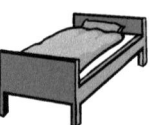

кровать

ohea

детская коляска

haur-kotxea

карточная игра

karta-sorta

пазл

puzzlea

комикс

komikia

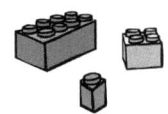

кирпичики Лего

lego piezak

кубики

eraikitzeko blokeak

игрушечная фигурка

superheroi-panpina

ползунки

body-a

фрисби

frisbia

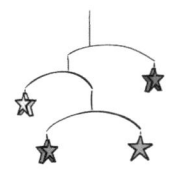

мобиле

mugikaria

настольная игра

mahai-jokoa

кубик

dadoa

модель железной дороги

jostailuzko trena

соска

txupetea

вечеринка

festa

книга с картинками

argazki-albuma

мяч

balioa

кукла

panpina

играть

jolastu

детская комната - haurren gela

песочница

hondar-kutxa

качели

zabua

игрушка

jostailuak

игровая приставка

bideo-jokoen kontsola

трёхколесный велосипед

trizikloa

плюшевый медвежонок

peluxe-hartza

шкаф для одежды

armairua

одежда
arropa

носки

galtzerdiak

чулки

galtzerdi luzeak

колготки

pantiak

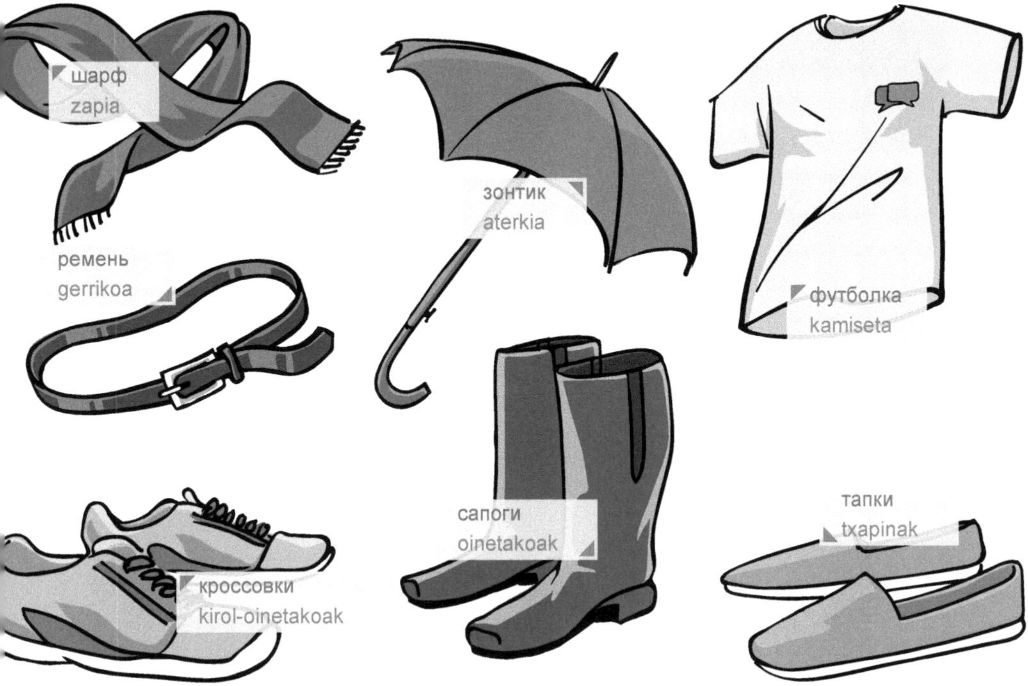

шарф
zapia

зонтик
aterkia

футболка
kamiseta

ремень
gerrikoa

сапоги
oinetakoak

тапки
txapinak

кроссовки
kirol-oinetakoak

сандалии
sandaliak

ботинки
oinetakoak

резиновые сапоги
gomazko botak

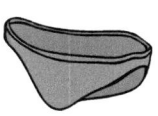

трусы
eslipa

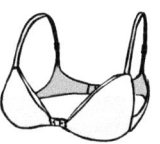

бюстгальтер
bularretakoa

майка
kamiseta

боди
gorputza

брюки
galtzak

джинсы
galtza bakeroak

юбка
gona

блузка
blusa

рубашка
alkandora

свитер
jertsea

свитер
jertsea

спортивная куртка
jaka

жакет
jaka

пальто
berokia

плащ
zira

костюм
trajea

платье
soinekoa

свадебное платье
ezkontza soinekoa

одежда - arropa

мужской костюм
trajea

ночная сорочка
kamisoia

пижама
pijama

сари
saria

платок
zapia

тюрбан
turbantea

паранджа
burka

кафтан
kaftana

абайя
abaya

купальник
bainujantzia

плавки
gizonezkoen bainujantzia

шорты
galtzamotzak

спортивный костюм
txandala

фартук
mantala

перчатки
eskularruak

одежда - arropa

пуговица
botoia

очки
betaurrekoak

браслет
eskumuturrekoa

цепочка
lepokoa

кольцо
eraztuna

серьга
belarritakoa

шапка
bisera

вешалка
esekigailua

шляпа
kapela

галстук
gorbata

застежка молния
kremailera

шлем
kaskoa

подтяжки
galtza-uhalak

школьная форма
uniformea

форма
uniformea

детский нагрудник
lerde-zapi

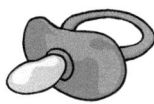
соска
txupetea

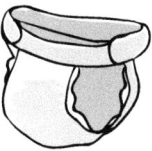
подгузник
pixoihala

офис
bulegoa

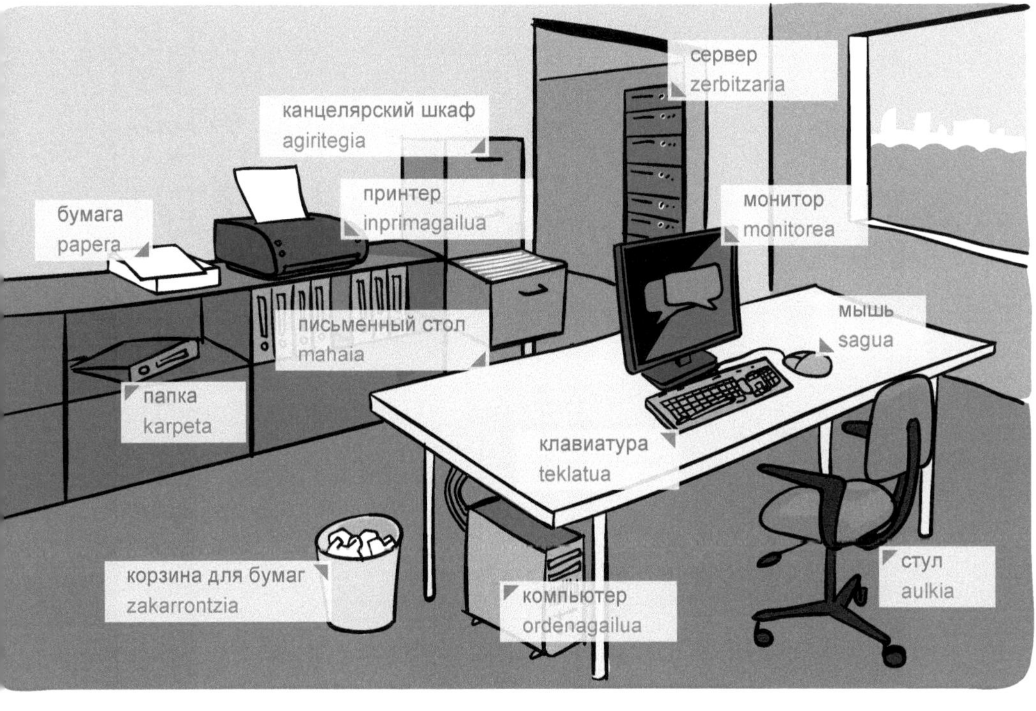

- сервер — zerbitzaria
- канцелярский шкаф — agiritegia
- принтер — inprimagailua
- монитор — monitorea
- бумага — papera
- письменный стол — mahaia
- мышь — sagua
- папка — karpeta
- клавиатура — teklatua
- корзина для бумаг — zakarrontzia
- компьютер — ordenagailua
- стул — aulkia

кофейная кружка
kafe katilua

калькулятор
kalkulagailua

интернет
internet

ноутбук
ordenagailu eramangarria

письмо
gutuna

сообщение
mezua

мобильный телефон
mugikorra

сеть
sarea

ксерокс
fotokopiagailua

программа
software

телефон
telefonoa

розетка
entxufea

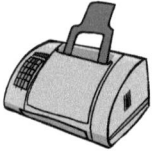
факс
faxa

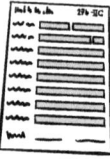
формуляр
inprimakia

документ
dokumentua

офис - bulegoa

экономика
ekonomia

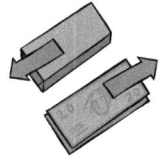
покупать
erosi

платить
ordaindu

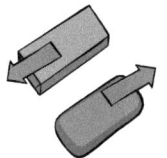
торговать
salerosi

деньги
dirua

доллар
dolarra

евро
euroa

иена
yena

рубль
rublea

франк
franko suitzarra

жэньминьби юань
renminbi yuana

рупия
rupia

банкомат
kutxazaina

пункт обмена валюты

truke-bulegoa

золото

urrea

серебро

zilarra

нефть

petrolioa

энергия

energia

цена

prezioa

договор

kontratua

налог

zerga

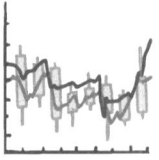

акция

akzioa

работать

lan egin

служащий

enplegatua

работодатель

enpresaria

фабрика

fabrika

магазин

denda

профессии
lanbideak

милиционер
polizia-agente

пожарный
suhiltzailea

повар
sukaldaria

врач
medikua

пилот
pilotua

садовник
lorezaina

столяр
arotza

швея
jostuna

судья
epailea

химик
botikaria

актёр
aktorea

водитель автобуса

autobus gidaria

таксист

taxi-gidaria

рыбак

arrantzalea

уборщица

garbitzailea

кровельщик

sabaigilea

официант

zerbitzaria

охотник

ehiztaria

художник

margolaria

пекарь

okina

электрик

elektrikaria

строитель

igeltseroa

инженер

ingeniaria

мясник

harakina

сантехник

iturgina

почтальон

postaria

солдат
soldadua

архитектор
arkitektoa

кассир
kutxazaina

флорист
lore-saltzailea

парикмахер
ile-apaintzailea

кондуктор
gidaria

механик
mekanikaria

капитан
kapitaina

зубной врач
dentista

ученый
zientzialaria

раввин
rabinoa

имам
imama

монах
monjea

священник
elizgizona

инструменты
tresnak

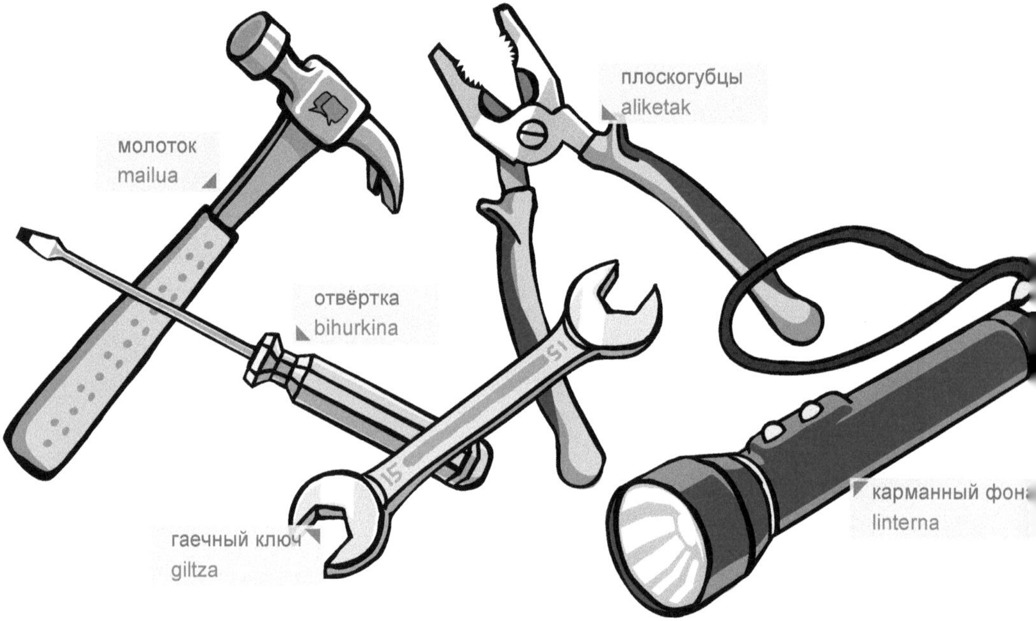

молоток
mailua

плоскогубцы
aliketak

отвёртка
bihurkina

гаечный ключ
giltza

карманный фонарь
linterna

экскаватор

zulakaria

ящик для инструментов

herraminta-kutxa

стремянка

eskailera

пила

zerra

гвозди

iltzeak

дрель

zulagailua

ремонтировать
konpondu

лопата
pala

Блин!
Demontre!

совок
pala

ведро с краской
pintura potea

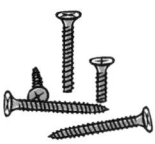

винты
torlojuak

музыкальные инструменты
musika tresnak

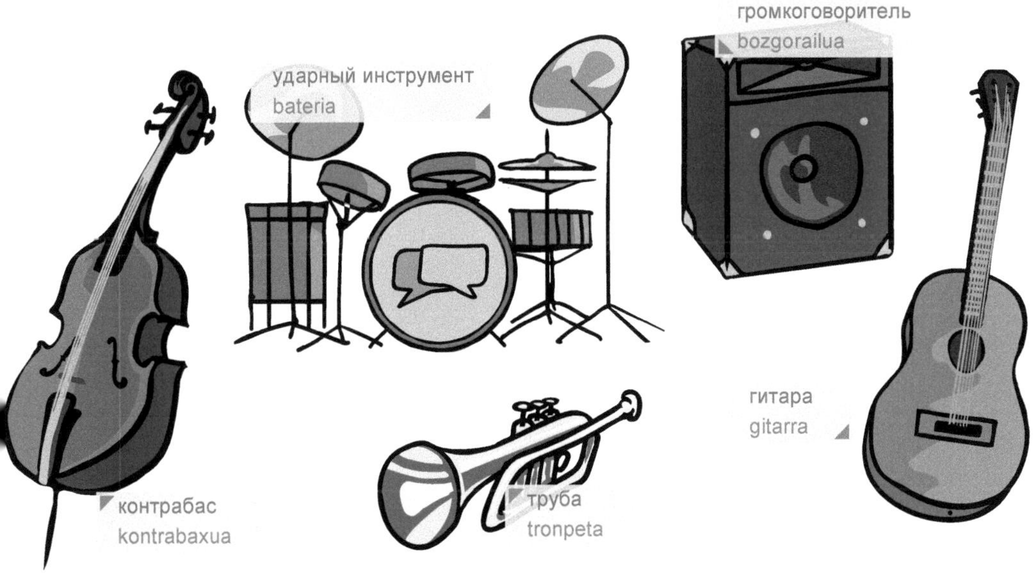

ударный инструмент
bateria

громкоговоритель
bozgorailua

контрабас
kontrabaxua

труба
tronpeta

гитара
gitarra

пианино

pianoa

скрипка

biolina

бас-гитара

baxua

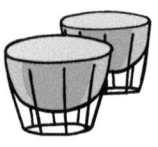

литавры

tinbalak

барабан

danborra

синтезатор

teklatua

саксофон

saxofoia

флейта

txirula

микрофон

mikrofonoa

зоопарк
zoologikoa

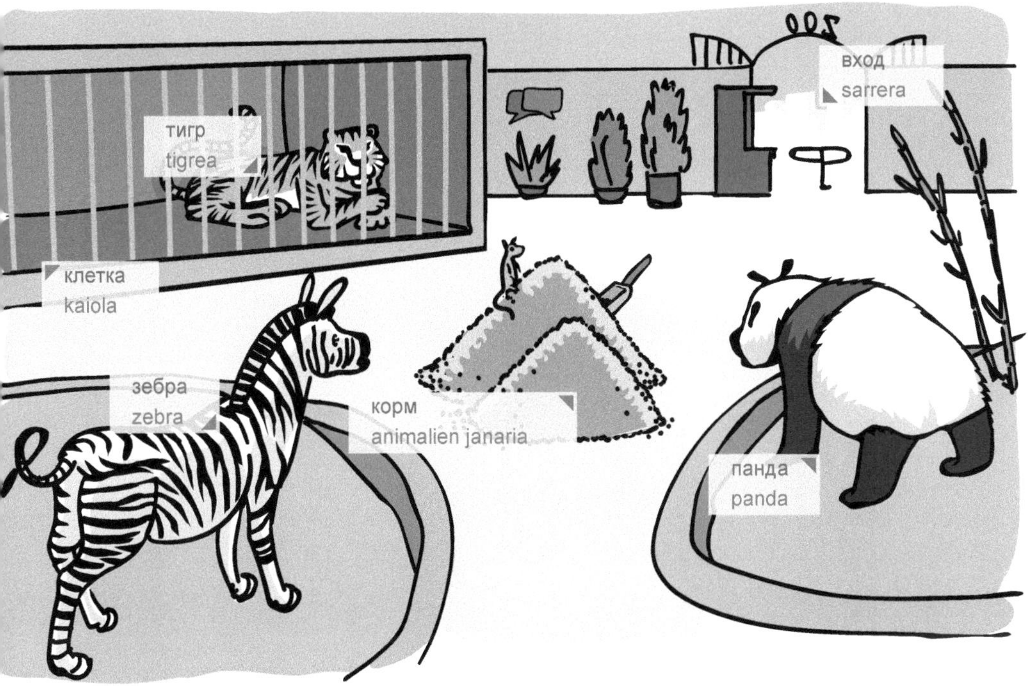

вход
sarrera

тигр
tigrea

клетка
kaiola

зебра
zebra

корм
animalien janaria

панда
panda

животные
animaliak

слон
elefantea

кенгуру
kangurua

носорог
errinozeroa

горилла
gorila

медведь
hartza

верблюд
gamelua

страус
ostruka

лев
lehoia

обезьяна
tximinoa

фламинго
flamenkoa

попугай
loroa

белый медведь
hartz zuria

пингвин
pinguinoa

акула
marrazoa

павлин
hegazterrena

змея
sugea

крокодил
krokodiloa

служитель зоопарка
zoo zaindaria

тюлень
itsas txakurra

ягуар
jaguarra

 пони · ponia	 леопард · lehoinabarra	 бегемот · hipopotamoa
 жираф · jirafa	 орёл · arranoa	 кабан · basurdea
 рыба · arraina	 черепаха · dortoka	 морж · mortsa
 лиса · azeria	 газель · gazela	

зоопарк - zoologikoa

спорт
kirolak

американский футбол
futbol amerikarra

езда на велосипеде
txirrindularitza

теннис
tenisa

баскетбол
saskibaloia

плавание
igeriketa

бокс
boxeoa

хоккей
izotz-hockeya

футбол
futbola

бадминтон
badmintona

лёгкая атлетика
atletismoa

гандбол
eskubaloia

лыжный спорт
eskia

поло
poloa

действия
jarduerak

- прыгать — salto egin
- смеяться — barre egin
- обнимать — besarkatu
- идти — ibili
- петь — abestu
- мечтать — amestu
- молиться — otoitz egin
- целовать — musu eman

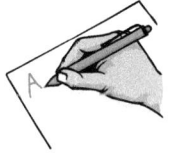

писать
idatzi

рисовать
marraztu

показывать
erakutsi

нажимать
bultzatu

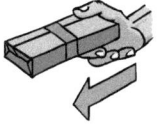

давать
eman

брать
hartu

иметь
eduki

делать
egin

быть
izan

стоять
zutik egon

бежать
korrika egin

тянуть
tiratu

бросать
bota

падать
erori

лежать
gezurra esan

ждать
itxaron

носить
eraman

сидеть
eseri

надевать
jantzi

спать
lo egin

просыпаться
esnatu

действия - jarduerak

рассматривать

begiratu

плакать

negar egin

гладить

laztandu

причесывать

orraztu

говорить

hitz egin

понимать

ulertu

спрашивать

galdetu

слушать

entzun

пить

edan

кушать

jan

наводить порядок

txukundu

любить

maitatu

готовить

kozinatu

ехать

gidatu

летать

hegan egin

действия - jarduerak

ходить под парусом

nabigatu

считать

kalkulatu

читать

irakurri

учиться

ikasi

работать

lan egin

вступать в брак

ezkondu

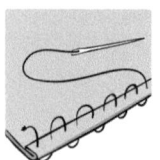

шить

josi

чистить зубы

hortzak garbitu

убивать

hil

курить

erre

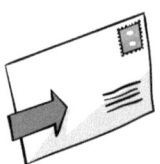

отправлять

bidali

семья
familia

бабушка / amona
дедушка / aitona
папа / aita
мама / ama
младенец / haurtxoa
дочь / alaba
сын / semea

гость

gonbidatua

тетя

izeba

дядя

osaba

брат

anaia

сестра

arreba

тело
gorputza

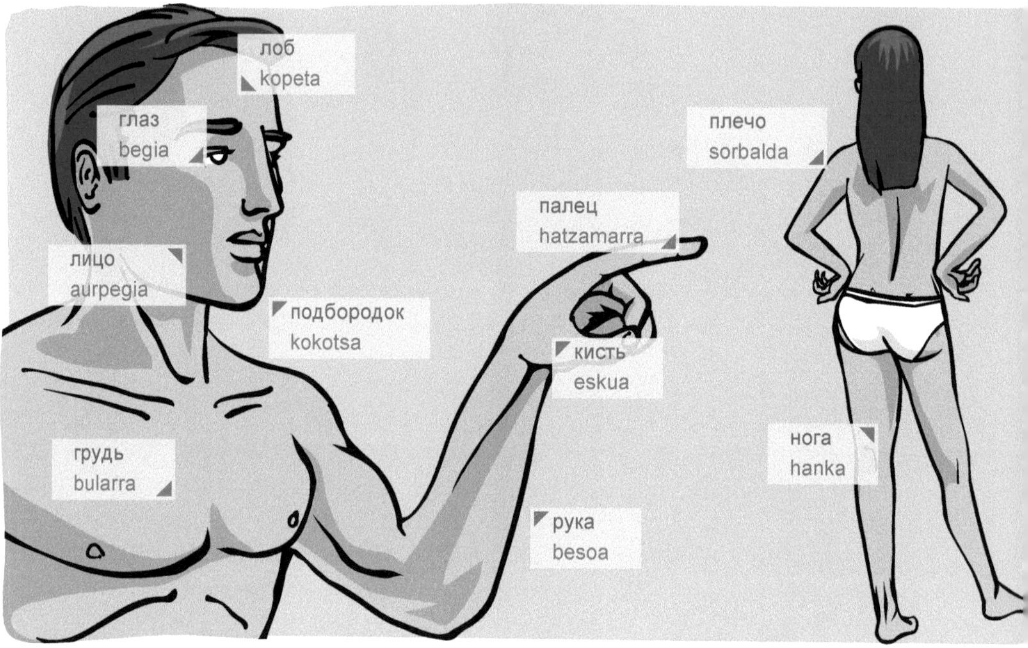

лоб — kopeta
глаз — begia
лицо — aurpegia
подбородок — kokotsa
плечо — sorbalda
палец — hatzamarra
кисть — eskua
грудь — bularra
рука — besoa
нога — hanka

младенец
haurtxoa

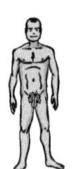

мужчина
gizona

женщина
emakumea

девочка
neska

мальчик
mutila

голова
burua

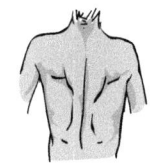
спина
bizkarra

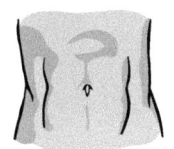
живот
sabela

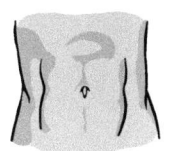
пупок
zilborra

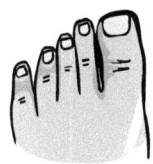
палец ноги
behatza

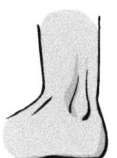
пятка
orpoa

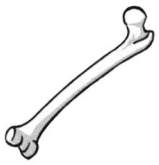
кость
hezurra

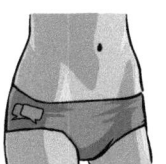
бедро
aldaka

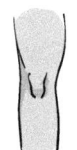
колено
belauna

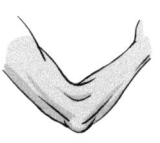
локоть
ukondoa

нос
sudurra

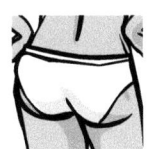
ягодицы
ipurdia

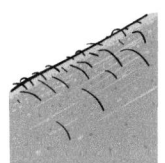
кожа
azala

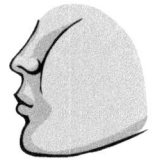
щека
masaila

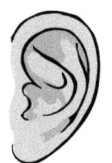
ухо
belarria

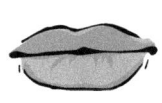
губа
ezpaina

рот
ahoa

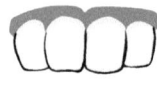
зуб
hortza

язык
mihia

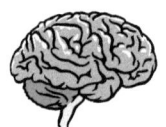
мозг
garuna

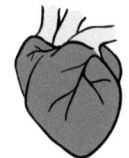
сердце
bihotza

мышца
muskulua

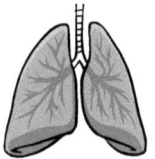
лёгкое
birika

печень
gibela

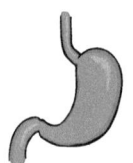
желудок
urdaila

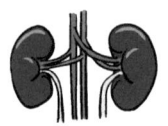
почки
giltzurruna

половой акт
sexua

презерватив
kondoia

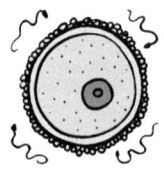
яйцеклетка
arrautza

сперма
semena

беременность
haurdunaldia

тело - gorputza

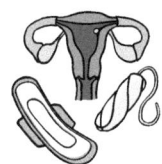
менструация
hilerokoa

вагина
bagina

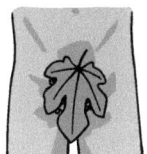
пенис
zakil

бровь
bekaina

волосы
ilea

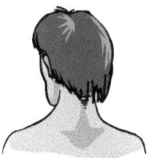
шея
lepoa

больница
ospitalea

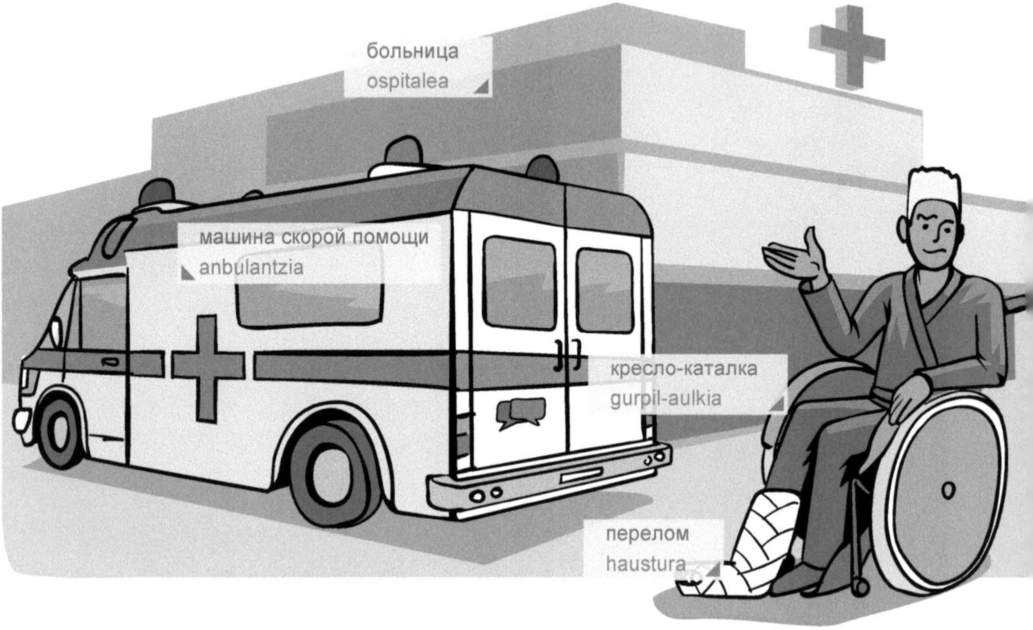

больница
ospitalea

машина скорой помощи
anbulantzia

кресло-каталка
gurpil-aulkia

перелом
haustura

врач

medikua

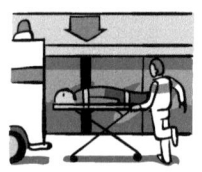

пункт первой помощи

larrialdi gela

медсестра

erizaina

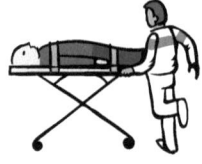

неотложный случай

larrialdia

без сознания

konorterik gabe

боль

mina

повреждение

lesioa

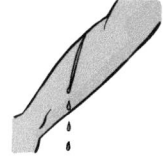

кровотечение

hemorragia

инфаркт

bihotzekoa

инсульт

iktusa

аллергия

alergia

кашель

eztula

повышенная температура

sukarra

грипп

gripea

понос

beherakoa

головная боль

buruko mina

рак

minbizia

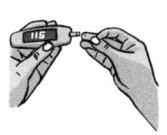

диабет

diabetesa

хирург

zirujaua

скальпель

bisturia

операция

ebakuntza

больница - ospitalea

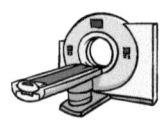
КТ
OTA

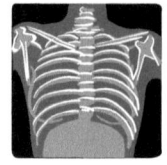
рентген
erradiografia

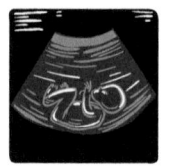
ультразвук
ultrasoinua

маска
maskara

болезнь
gaixotasuna

приёмная
itxarongela

костыль
makulua

пластырь
tirita

бинт
benda

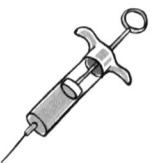
укол
injekzioa

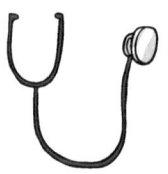
стетоскоп
estetoskopioa

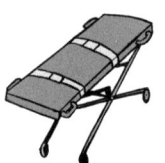
носилки
ohatila

термометр
termometro klinikoa

рождение
jaiotza

избыточный вес
gehiegizko pisua

больница - ospitalea

слуховой аппарат

audiofonoa

дезинфекционное средство

desinfektatzailea

инфекция

infekzioa

вирус

birusa

ВИЧ / СПИД

GIB / HIES

лекарство

sendagaia

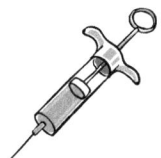

прививка

txertoa

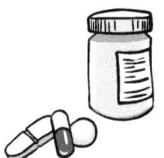

таблетки

pilulak

противозачаточная таблетка

pilula

экстренный вызов

larrialdi deia

прибор для измерения кровяного давления

tentsiometroa

больной / здоровый

gaixo / osasuntsu

больница - ospitalea

неотложный случай
larrialdia

Помогите!
Laguntza!

сигнал тревоги
alarma

нападение
lapurreta

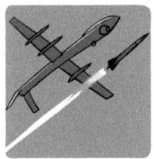
атака
erasoa

опасность
arriskua

запасной выход
larrialdietarako irteera

Пожар!
sua!

огнетушитель
itzaltzailea

несчастный случай
istripua

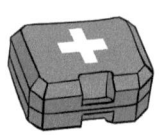
аптечка
lehen laguntzarako botikina

SOS
SOS

милиция
polizia

земля
lurra

Европа
Europa

Северная Америка
Ipar Amerika

Южная Америка
Hego Amerika

Африка
Afrika

Азия
Asia

Австралия
Australia

Атлантический океан
Atlantikoa

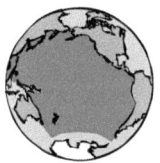
Тихий океан
Pazifikoa

Индийский океан
Ozeano Indikoa

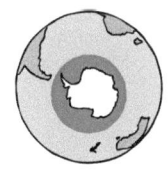
Антарктический океан
Ozeano Antartikoa

Северный Ледовитый океан
Ozeano Artikoa

Северный полюс
Ipar poloa

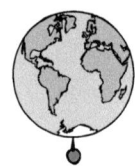

Южный полюс
Hego poloa

Антарктика
Antartika

земля
lurra

суша
lurra

море
itsasoa

остров
irla

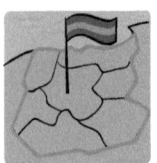

нация
nazioa

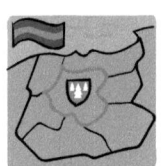

государство
estatua

часы
erlojua

циферблат

erlojuaren esfera

часовая стрелка

ordu-orratza

минутная стрелка

minutu-orratza

секундная стрелка

segundo-orratza

Который час?

Zer ordu da?

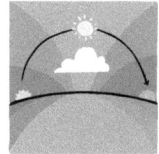

день

eguna

время

denbora

сейчас

orain

электронные часы

erloju digitala

минута

minutua

час

ordua

неделя
astea

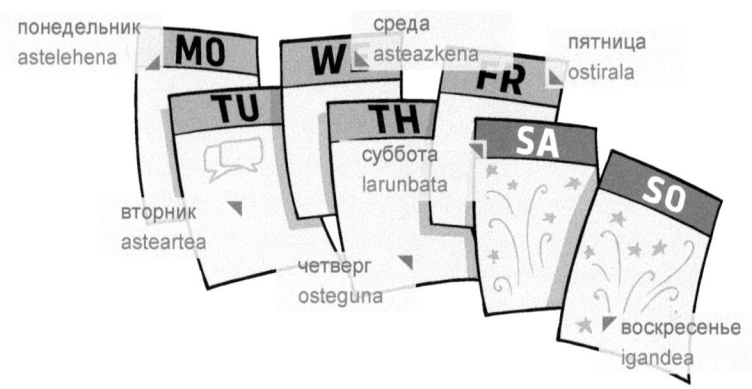

понедельник
astelehena

среда
asteazkena

пятница
ostirala

вторник
asteartea

суббота
larunbata

четверг
osteguna

воскресенье
igandea

вчера

atzo

сегодня

gaur

завтра

bihar

утро

goiza

полдень

eguerdia

вечер

arratsaldea

рабочие дни

laneguna

выходные

asteburua

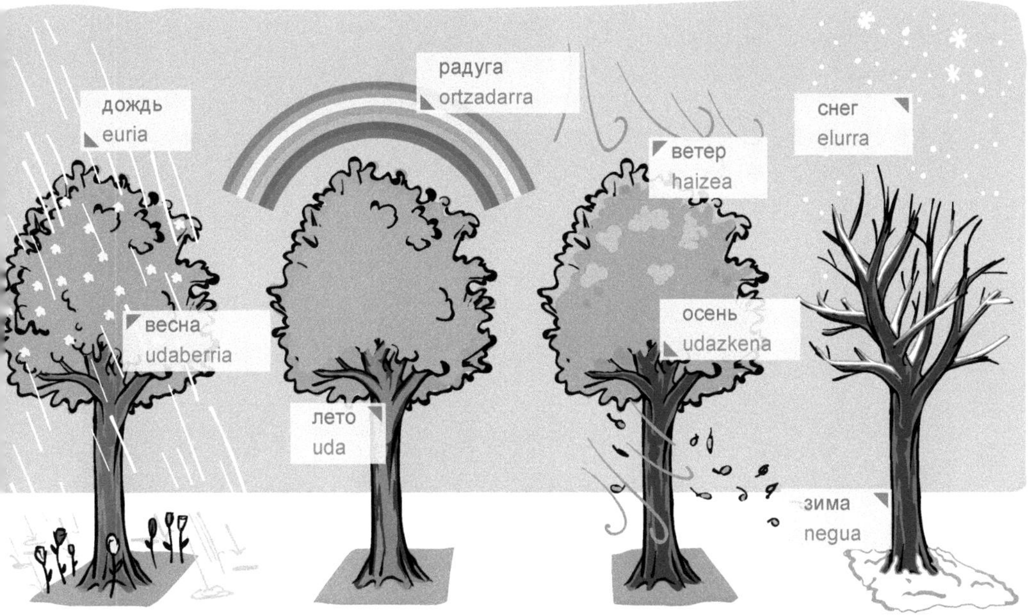

год
urtea

дождь / euria
радуга / ortzadarra
ветер / haizea
снег / elurra
весна / udaberria
лето / uda
осень / udazkena
зима / negua

прогноз погоды

eguraldiaren iragarpena

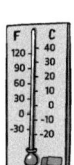

термометр

termometroa

солнечный свет

eguzkia

туча

hodeia

туман

lainoa

влажность воздуха

hezetasuna

молния

tximista

гром

trumoia

буря

ekaitza

град

kazkabarra

муссон

montzoia

наводнение

uholdea

лёд

izotza

январь

urtarrila

февраль

otsaila

март

martxoa

апрель

apirila

май

maiatza

июнь

ekaina

июль

uztaila

август

abuztua

год - urtea

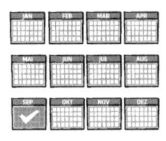

сентябрь

iraila

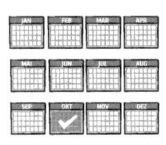

октябрь

urria

ноябрь

azaroa

декабрь

abendua

формы
formak

круг

zirkulua

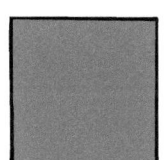

квадрат

karratua

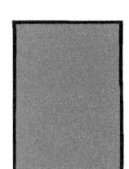

прямоугольник

laukizuzena

треугольник

hirukia

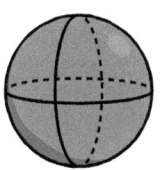

шар

esfera

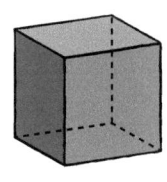

куб

kuboa

цвета
koloreak

белый

zuria

желтый

horia

оранжевый

laranja

розовый

arrosa

красный

gorria

лиловый

morea

синий

urdina

зелёный

berdea

коричневый

marroia

серый

grisa

черный

beltza

противоположности
aurkakoak

много / мало

asko / gutxi

яростный / мирный

haserre / lasai

красивый / уродливый

ederra / itsusia

начало / конец

hasiera / bukaera

большой / маленький

handia / txikia

светлый / тёмный

argia / iluna

брат / сестра

anaia / arreba

чистый / грязный

garbi / zikin

полный / неполный

oso / osatu gabeko

день / ночь

eguna / gaua

мёртвый / живой

hilik / bizirik

широкий / узкий

zabal / estu

съедобный / несъедобный

jangarri/jangaitz

злой / дружелюбный

gaizto / on

взволнованный / скучающий

hunkituta / aspertuta

толстый / худой

lodi / argal

сначала / в конце

lehen / azken

друг / враг

laguna / etsaia

полный / пустой

beteta / hutsik

твёрдый / мягкий

gogor / bigun

тяжёлый / легкий

astun / arin

голод / жажда

gosea / egarria

больной / здоровый

gaixo / osasuntsu

незаконный / законный

ilegal / legal

умный / глупый

burutsu / ergel

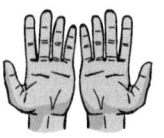

слева / справа

ezker / eskuin

близко / далеко

gertu / urrun

противоположности - aurkakoak

новый / подержанный

berri / erabili

ничто / нечто

ezer ez / zerbait

старый / молодой

zahar / gazte

включено / выключено

piztuta / itzalita

открыто / закрыто

irekita / itxita

тихо / громко

isil / ozen

богатый / бедный

aberats / pobre

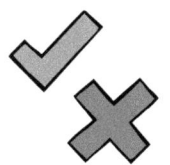

правильный / неправильный

zuzen / oker

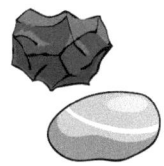

шероховатый / гладкий

zakar / leun

печальный / счастливый

triste / pozik

короткий / длинный

laburra / luzea

медленный / быстрый

motel / azkar

мокрый / сухой

busti / lehor

тёплый / прохладный

bero / hotz

война / мир

gerra / bakea

цифры
zenbakiak

0 ноль — zero

1 один — bat

2 два — bi

3 три — hiru

4 четыре — lau

5 пять — bost

6 шесть — sei

7 семь — zazpi

8 восемь — zortzi

9 девять — bederatzi

10 десять — hamar

11 одиннадцать — hamaika

12 двенадцать
hamabi

13 тринадцать
hamairu

14 четырнадцать
hamalau

15 пятнадцать
hamabost

16 шестнадцать
hamasei

17 семнадцать
hamazazpi

18 восемнадцать
hemezortzi

19 девятнадцать
hemeretzi

20 двадцать
hogei

100 сто
ehun

1.000 тысяча
mila

1.000.000 миллион
milioi

ЯЗЫКИ
hizkuntzak

английский

Ingelesa

американский английский

Amerikar Ingelesa

мандаринский китайский

Mandarin Txinera

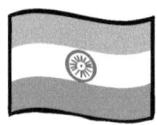

хинди

Hindia

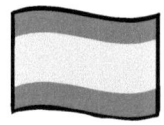

испанский

Gaztelania

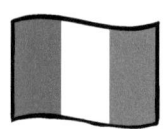

французский

Frantsesa

арабский

Arabiera

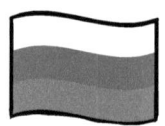

русский

Errusiera

португальский

Portugalera

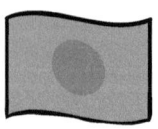

бенгальский

Bengalera

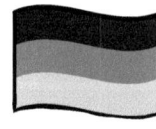

немецкий

Alemana

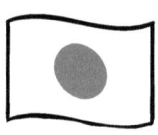

японский

Japoniera

кто / что / как
nor / zer / nola

я
ni

ты
zu

он / она / оно
hura

мы
gu

вы
zuek

они
haiek

кто?
nor?

что?
zer?

как?
nola?

где?
non?

когда?
noiz?

имя
izena

где
non

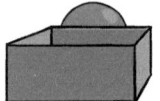

за

atzean

в

n

перед

aurrean

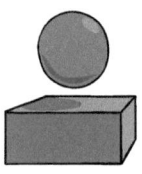

над

gainetik

на

gainean

под

azpian

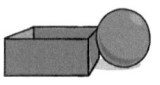

рядом

ondoan

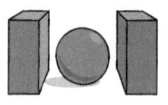

между

artean

место

leku